Sunshine: Short Stories in French for Beginners

Artici Bilingual Books

Published by Artici Bilingual Books, 2024.

SUNSHINE: SHORT STORIES IN FRENCH FOR BEGINNERS

First edition. April 24, 2024.

ISBN: 979-8224048854

Written by Artici Bilingual Books.

Table of Contents

Bretagne

En Bretagne, l'air sentait le sel et l'aventure. Pierre, un jeune pêcheur, se réveillait avant le lever du soleil. Il enfila ses bottes usées et prit ses filets. Aujourd'hui, il affronterait la mer sauvage, espérant faire une bonne prise.

Son bateau, nommé "Étoile de Mer", se balançait doucement alors qu'il le détachait du quai. Le ciel était encore sombre, mais Pierre n'avait pas peur. Il connaissait ces eaux comme les lignes sur ses mains ridées.

Au lever du soleil, Pierre jeta ses filets dans les profondeurs en dessous. La mer l'accueillit avec ses vagues rythmées. Les mouettes dansaient au-dessus, espérant des morceaux de poisson.

Des heures passèrent, et les mains de Pierre se fatiguèrent. Juste au moment où il était sur le point de perdre espoir, il sentit une traction sur sa ligne. Avec un grognement d'effort, il tira le filet. À sa grande joie, il était rempli de poissons étincelants.

Avec son bateau chargé de la prise du jour, Pierre retourna à terre. Le soleil maintenant haut dans le ciel, lançait une lueur dorée sur les falaises accidentées de Bretagne. Il pouvait voir le charmant village devant lui, avec ses maisons colorées et ses rues sinueuses.

En accostant son bateau, Pierre fut accueilli par les visages familiers de ses compatriotes. Ils l'aidèrent à décharger le poisson, échangeant des histoires des aventures de la journée.

Ce soir-là, Pierre s'installa à un copieux repas avec sa famille. Ils se régalèrent de poisson frais, capturé par les propres mains de Pierre. Autour de la table, le rire remplissait l'air alors qu'ils partageaient des contes de la mer.

Alors que la nuit tombait, Pierre regarda les lumières scintillantes du village en contrebas. La Bretagne n'était pas seulement un endroit pour lui ; c'était chez lui. Et tant que la mer l'appellerait, il savait qu'il appartiendrait toujours ici, dans cette terre accidentée de sel et d'aventure.

Brittany

In Brittany, the air smelled of salt and adventure. Pierre, a young fisherman, woke up before the sun. He slipped on his worn boots and grabbed his nets. Today, he would brave the wild sea, hoping for a good catch.

His boat, named "Étoile de Mer," rocked gently as he untied it from the dock. The sky was still dark, but Pierre was not afraid. He knew these waters like the lines on his weathered hands.

As the sun peeked over the horizon, Pierre cast his nets into the depths below. The sea welcomed him with its rhythmic waves. Seagulls danced above, hoping for scraps of fish.

Hours passed, and Pierre's hands grew tired. Just when he was about to give up hope, he felt a tug on his line. With a grunt of effort, he pulled in the net. To his delight, it was filled with shimmering fish.

With his boat laden with the day's catch, Pierre headed back to shore. The sun now high in the sky, casting a golden glow over the rugged cliffs of Brittany. He could see the quaint village ahead, with its colorful houses and winding streets.

As he docked his boat, Pierre was greeted by the familiar faces of his fellow villagers. They helped him unload the fish, exchanging stories of the day's adventures.

That evening, Pierre sat down to a hearty meal with his family. They feasted on fresh fish, caught by Pierre's own hands. Around the table, laughter filled the air as they shared tales of the sea.

As the night fell, Pierre looked out at the twinkling lights of the village below. Brittany was more than just a place to him; it was home. And as long as the sea called to him, he knew he would always belong here, in this rugged land of salt and adventure.

Là-bas

Là-bas, au cœur de la France, où les champs s'étendent à perte de vue et où le ciel rencontre la terre dans une douce étreinte, vivait une fille nommée Amélie. Elle était une rêveuse, avec des yeux aussi profonds que l'océan et un cœur plein de désir de voyages.

Chaque jour, Amélie se promenait à travers les champs, ses pieds dansant parmi les fleurs sauvages. Elle écoutait les chants des oiseaux et regardait les nuages peindre des images dans le ciel.

Un jour, alors qu'elle parcourait la campagne, Amélie découvrit une vieille ferme nichée parmi les arbres. Elle était usée et défraîchie, mais il y avait quelque chose de magique à ce sujet. Elle poussa la porte grinçante et entra à l'intérieur.

L'air était épais de poussière, et les planches du plancher craquaient sous ses pieds. Mais alors qu'Amélie explorait les pièces, elle ressentit un sentiment de paix l'envahir. Cette vieille ferme cachait des secrets, elle en était sûre.

Au fil des jours devenant semaines, Amélie retourna à la ferme encore et encore. Elle s'asseyait sur le porche avant, regardant le soleil se coucher derrière les collines lointaines. Et à chaque visite, elle se sentait un peu plus proche de découvrir les mystères cachés entre ses murs.

Un soir, alors que les étoiles scintillaient au-dessus, Amélie entendit une voix douce l'appeler par son nom. Elle suivit le son, son cœur battant d'excitation. Il la mena à une pièce cachée à l'arrière de la ferme, où elle trouva un vieux coffre couvert de toiles d'araignée.

Les mains tremblantes, Amélie ouvrit le coffre et poussa un cri de surprise en découvrant ce qu'il contenait. Il était rempli de lettres jaunies par l'âge, attachées avec un ruban décoloré. Ce étaient des lettres d'amour, écrites par un jeune soldat à sa bien-aimée pendant la guerre.

Amélie passa des heures à lire les lettres, les yeux remplis de larmes. Elles parlaient d'amour et de désir, d'espoir et de désespoir. Et en les lisant, elle eut l'impression de remonter le temps, dans un monde où tout était possible.

À partir de ce jour-là, Amélie se consacra à découvrir l'histoire du jeune soldat et de sa bien-aimée. Elle parcourut de vieilles photographies et des documents poussiéreux, reconstituant leurs vies comme un puzzle.

Et lentement, les pièces commencèrent à s'emboîter. Elle apprit leur histoire d'amour, les sacrifices qu'ils avaient faits l'un pour l'autre et le courage dont ils avaient fait preuve face à l'adversité.

En plongeant plus profondément dans le passé, Amélie ressentit une connexion avec le jeune couple qui transcendait le temps. Leur histoire d'amour devint la sienne, et elle jura de garder leur mémoire vivante pour les générations à venir.

Over There

Over there, in the heart of France, where the fields stretch endlessly and the sky meets the earth in a gentle embrace, lived a girl named Amélie. She was a dreamer, with eyes as deep as the ocean and a heart full of wanderlust.

Every day, Amélie would wander through the fields, her feet dancing among the wildflowers. She would listen to the songs of the birds and watch as the clouds painted pictures in the sky.

One day, as she roamed the countryside, Amélie stumbled upon an old farmhouse nestled among the trees. It was weathered and worn, but there was something magical about it. She pushed open the creaky door and stepped inside.

The air was thick with dust, and the floorboards creaked beneath her feet. But as Amélie explored the rooms, she felt a sense of peace wash over her. This old farmhouse held secrets, she was sure of it.

As the days turned into weeks, Amélie returned to the farmhouse again and again. She would sit on the front porch, watching the sun set behind the distant hills. And each time she visited, she felt a little bit closer to uncovering the mysteries hidden within its walls.

One evening, as the stars twinkled overhead, Amélie heard a soft voice calling her name. She followed the sound, her heart pounding with excitement. It led her to a hidden room at the back of the farmhouse, where she found an old chest covered in cobwebs.

With trembling hands, Amélie opened the chest and gasped at what she found inside. It was filled with letters, yellowed with age, and tied with a faded ribbon. They were love letters, written by a young soldier to his sweetheart during the war.

Amélie spent hours reading the letters, her eyes brimming with tears. They spoke of love and longing, of hope and despair. And as she read, she felt as though she had stepped back in time, into a world where anything was possible.

From that day on, Amélie devoted herself to uncovering the story of the young soldier and his sweetheart. She poured over old photographs and dusty documents, piecing together their lives like a puzzle.

And slowly, the pieces began to fit together. She learned of their love story, of the sacrifices they made for each other, and of the courage they showed in the face of adversity.

As Amélie delved deeper into the past, she felt a connection to the young couple that transcended time. Their love story became her own, and she vowed to keep their memory alive for generations to come.

Lavande et Rires

Dans un charmant village niché au sud de la France, où le soleil caressait les champs de lavande et où l'air était rempli du son des rires, vivait une fille nommée Sophie. Elle avait un sourire qui pouvait illuminer même les jours les plus nuageux et un cœur aussi chaud que le soleil d'été.

Chaque matin, Sophie se réveillait au doux parfum de lavande flottant à travers sa fenêtre. Elle sautillait dans les rues pavées, ses pieds dansant au rythme de sa propre joie.

Un jour, alors que Sophie errait sur la place du village, elle tomba sur un groupe d'enfants jouant dans un champ de fleurs sauvages. Leurs rires résonnaient dans l'air, remplissant le cœur de Sophie de bonheur.

Elle les rejoignit sans hésitation, tournoyant et riant alors qu'ils se poursuivaient à travers la prairie. Ils cueillaient des bouquets de fleurs sauvages et les tressaient en couronnes, riant et chantant alors qu'ils dansaient sous la lumière du soleil.

Alors que le jour laissait place à la nuit, Sophie s'assit avec ses nouveaux amis sous les étoiles, leurs rires se mêlant au doux murmure du vent à travers les arbres. Ils partagèrent des histoires et des rêves, leurs voix montant et descendant comme la mélodie d'une chanson.

Alors que la nuit devenait plus sombre et que les étoiles brillaient plus fort, une brise légère balayait la prairie, apportant avec elle le parfum apaisant de la lavande. Sophie ferma les yeux, inspirant profondément, se sentant comme enveloppée dans une étreinte chaleureuse. C'était un moment de pur bonheur, un aperçu fugace de la perfection qu'elle aurait souhaité éternel.

À cet instant, entourée de lavande et de rires, Sophie eut l'impression d'avoir trouvé sa place dans le monde. Elle savait que peu importe où la vie la mènerait, elle porterait toujours le souvenir de ce jour dans son cœur.

Soudain, une voix troubla la nuit tranquille, tirant Sophie de sa rêverie. C'était un vieil homme, le conteur du village, qui était venu les rejoindre près du feu. Avec un éclat dans les yeux, il commença à tisser des contes de légendes anciennes et de mythes oubliés, ses mots peignant des images vives dans l'esprit de tous ceux qui écoutaient.

Sophie était captivée, accrochée à chaque mot alors que le conteur les transportait dans des contrées lointaines et des royaumes enchantés. Elle se sentait comme faisant partie des histoires elles-mêmes, voyageant aux côtés de héros et d'héroïnes alors qu'ils affrontaient des dragons et découvraient des trésors cachés.

Au fur et à mesure que la nuit avançait, le feu crépitait et éclatait, projetant des ombres dansantes sur les visages des auditeurs. Le cœur de Sophie était rempli d'un sentiment d'émerveillement et de crainte, son imagination enflammée par la magie des contes.

Et alors que les premières lueurs de l'aube commençaient à pointer à l'horizon, Sophie réalisait que c'était une journée qu'elle n'oublierait jamais. C'était une journée de lavande et de rire, d'amitié et de contes de fées, une journée qui l'avait changée de manière qu'elle n'aurait jamais pu imaginer.

Et alors qu'elle s'endormait sous la voûte étoilée, Sophie murmura un merci silencieux à l'univers de l'avoir amenée dans cet endroit magique.

Lavender and Laughter

In a quaint village nestled in the south of France, where the sun kissed the fields of lavender and the air was filled with the sound of laughter, there lived a girl named Sophie. She had a smile that could brighten even the cloudiest of days and a heart as warm as the summer sun.

Every morning, Sophie would wake up to the sweet scent of lavender wafting through her window. She would skip through the cobblestone streets, her feet dancing to the rhythm of her own joy.

One day, as Sophie wandered through the village square, she stumbled upon a group of children playing in a field of wildflowers. Their laughter echoed through the air, filling Sophie's heart with happiness.

She joined them without hesitation, twirling and laughing as they chased each other through the meadow. They picked bouquets of wildflowers and wove them into crowns, laughing and singing as they danced in the sunlight.

As the day turned into night, Sophie sat with her new friends beneath the stars, their laughter mingling with the gentle rustle of the wind through the trees. They shared stories and dreams, their voices rising and falling like the melody of a song.

As the night grew darker and the stars shone brighter, a gentle breeze swept through the meadow, carrying with it the soothing fragrance of lavender. Sophie closed her eyes, breathing in deeply, feeling as though she were wrapped in a warm embrace. It was a moment of pure bliss, a fleeting glimpse of perfection that she wished would last forever.

In that moment, surrounded by lavender and laughter, Sophie felt as though she had found her place in the world. She knew that no matter where life took her, she would always carry the memory of this day in her heart.

Suddenly, a voice broke through the tranquil night, pulling Sophie out of her reverie. It was an old man, the village storyteller, who had come to join them by the fire. With a twinkle in his eye, he began to weave tales of ancient legends and forgotten myths, his words painting vivid pictures in the minds of all who listened.

Sophie was captivated, hanging on to every word as the storyteller transported them to far-off lands and enchanted kingdoms. She felt as though she were part of the stories themselves, journeying alongside heroes and heroines as they battled dragons and discovered hidden treasures.

As the night wore on, the fire crackled and popped, casting dancing shadows across the faces of the listeners. Sophie's heart was filled with a sense of wonder and awe, her imagination ignited by the magic of the stories.

And as the first light of dawn began to peek over the horizon, Sophie realized that this was a day she would never forget. It was a day of lavender and laughter, of friendship and fairy tales, a day that had changed her in ways she could never have imagined.

And as she drifted off to sleep beneath the canopy of stars, Sophie whispered a silent thank you to the universe for bringing her to this magical place.

Du Chocolat pour Grand-mère

Dans un petit village niché dans la campagne française, où les rues étaient bordées de pavés et où le parfum du pain fraîchement cuit emplissait l'air, vivait une fille nommée Marie. C'était une enfant curieuse avec un cœur aussi doux que le chocolat que sa grand-mère adorait.

La grand-mère de Marie, Madame Dupont, vivait dans une chaumière confortable à la périphérie du village. Chaque après-midi, Marie lui rendait visite, apportant avec elle un panier rempli de friandises. Mais par-dessus tout, Marie savait que l'indulgence préférée de sa grand-mère était le chocolat.

Un après-midi ensoleillé, Marie décida de surprendre sa grand-mère avec une gâterie spéciale. Elle enfila son tablier et se mit au travail dans la cuisine, le parfum du chocolat emplissant l'air alors qu'elle faisait fondre le cacao riche et sombre.

Avec des mains prudentes, Marie versa le chocolat fondu dans des moules, les façonnant en délicates truffes. Elle les saupoudra de poudre de cacao et les enveloppa de papier parchemin, attachant chacune avec un ruban.

Avec le panier de truffes au chocolat en main, Marie se dirigea vers la chaumière de sa grand-mère. Le soleil commençait à se coucher, projetant une lueur chaleureuse sur le village alors qu'elle se frayait un chemin à travers les rues pavées.

Lorsqu'elle arriva à la chaumière de sa grand-mère, Marie la trouva assise dans son fauteuil à bascule préféré, tricotant une écharpe pour l'hiver à venir. L'odeur de cookies fraîchement cuits flottait dans l'air, se mêlant au parfum du chocolat.

"Grand-mère", s'exclama Marie, tendant le panier de truffes, "je les ai faites spécialement pour toi !"

Les yeux de Madame Dupont s'illuminèrent de joie lorsqu'elle prit le panier des mains de Marie. Elle déballa une des truffes et la glissa dans sa bouche, savourant la saveur riche et veloutée.

"Oh, Marie," dit-elle, sa voix emplie de chaleur, "elles sont absolument délicieuses ! Tu as un vrai talent pour faire du chocolat."

Marie rayonnait de fierté, sachant qu'elle avait apporté de la joie au cœur de sa grand-mère. Elles passèrent la soirée ensemble, partageant des histoires et des rires tout en dégustant les truffes au chocolat que Marie avait faites.

Alors que les étoiles commençaient à scintiller dans le ciel, Marie embrassa sa grand-mère pour lui souhaiter bonne nuit et rentra chez elle, le cœur rempli de bonheur. Elle savait que peu importe où la vie la mènerait, elle chérirait toujours ces moments avec sa grand-mère, entourée par la chaleur de son amour et la douceur du chocolat.

Chocolate for Grandma

In a small village nestled in the French countryside, where the streets were lined with cobblestones and the scent of freshly baked bread filled the air, there lived a girl named Marie. She was a curious child with a heart as sweet as the chocolate her grandmother loved.

Marie's grandmother, Madame Dupont, lived in a cozy cottage at the edge of the village. Every afternoon, Marie would visit her, bringing with her a basket filled with treats. But above all else, Marie knew that her grandmother's favorite indulgence was chocolate.

One sunny afternoon, Marie decided to surprise her grandmother with a special treat. She donned her apron and set to work in the kitchen, the scent of chocolate filling the air as she melted the rich, dark cocoa.

With careful hands, Marie poured the melted chocolate into molds, shaping them into delicate truffles. She sprinkled them with a dusting of cocoa powder and wrapped them in parchment paper, tying each one with a ribbon.

With the basket of chocolate truffles in hand, Marie set off for her grandmother's cottage. The sun was beginning to set, casting a warm glow over the village as she made her way through the cobblestone streets.

When she arrived at her grandmother's cottage, Marie found her sitting in her favorite rocking chair, knitting a scarf for the coming winter. The smell of freshly baked cookies wafted through the air, mingling with the scent of chocolate.

"Grandma," Marie exclaimed, holding out the basket of truffles, "I made these just for you!"

Madame Dupont's eyes lit up with delight as she took the basket from Marie. She unwrapped one of the truffles and popped it into her mouth, savoring the rich, velvety flavor.

"Oh, Marie," she said, her voice filled with warmth, "these are absolutely delicious! You have such a talent for making chocolate."

Marie beamed with pride, knowing that she had brought joy to her grandmother's heart. They spent the evening together, sharing stories and laughter as they enjoyed the chocolate truffles Marie had made.

As the stars began to twinkle in the sky, Marie kissed her grandmother goodnight and made her way home, her heart full of happiness. She knew that no matter where life took her, she would always cherish these moments with her grandmother, surrounded by the warmth of her love and the sweetness of chocolate.

Une Journée en Provence

Au cœur de la Provence, où le soleil peignait le ciel de nuances d'or et où les champs s'étendaient comme une courtepointe, vivait une jeune fille nommée Juliette. Elle passait ses journées à errer à travers la campagne, ses pieds nus dansant parmi les fleurs sauvages.

Un matin, alors que Juliette arpentait les champs, elle découvrit une clairière cachée d'oliviers. Leurs branches se balançaient doucement dans la brise, leurs feuilles scintillant comme de l'argent au soleil.

Au centre de la clairière se dressait une petite maison en pierre, ses murs usés par le temps et ornés de lierre. Juliette s'approcha de la maison avec curiosité, se demandant qui y habitait.

À sa grande surprise, la porte s'ouvrit à son toucher, révélant un intérieur confortable baigné de lumière et de chaleur. Elle entra, ses sens emplis du parfum de la lavande et du romarin.

Assise près de la cheminée se trouvait une vieille femme aux yeux bienveillants et au doux sourire. Elle se présenta comme Madame Lefebvre, la gardienne de la clairière d'oliviers.

"Bienvenue, Juliette", dit Madame Lefebvre, sa voix douce comme un chuchotement. "Je t'attendais."

Juliette fut surprise par les paroles de Madame Lefebvre, mais elle ressentit un calme l'envahir. C'était comme si elle connaissait la vieille femme depuis toujours.

Madame Lefebvre invita Juliette à s'asseoir près du feu, où elles partagèrent des histoires et des rires autour de tasses de thé parfumé. Elle raconta à Juliette l'histoire ancienne de la clairière d'oliviers, des générations de fermiers qui avaient pris soin de ses arbres avec amour et attention.

Alors que le soleil de l'après-midi commençait à se coucher sous l'horizon, Madame Lefebvre prit Juliette par la main et l'entraîna dehors.

Ensemble, elles errèrent à travers la clairière d'oliviers, l'air vivant avec le chant des oiseaux et le murmure des feuilles.

Au bord de la clairière, elles découvrirent une petite clairière baignée par la lumière de la lune. Madame Lefebvre fit signe à Juliette de fermer les yeux et d'écouter les murmures du vent.

En cet instant, Juliette ressentit une connexion avec la terre sous ses pieds et le ciel au-dessus de sa tête. Elle savait qu'elle avait trouvé un endroit où elle appartenait, entourée par la beauté de la nature et la chaleur de l'amitié.

Alors qu'elles retournaient à la maison, Juliette réalisa qu'elle avait découvert quelque chose de précieux ce jour-là - non seulement une clairière cachée d'oliviers, mais aussi une âme sœur en Madame Lefebvre.

Et alors qu'elles étaient assises ensemble près du feu, regardant les étoiles scintiller dans le ciel nocturne, Juliette savait qu'elle porterait toujours le souvenir de cette journée dans son cœur, comme un trésor précieux caché au plus profond de son âme.

A Day in Provence

In the heart of Provence, where the sun painted the sky in hues of gold and the fields stretched out like a patchwork quilt, there lived a young girl named Juliette. She spent her days wandering through the countryside, her bare feet dancing among the wildflowers.

One morning, as Juliette roamed the fields, she came upon a hidden grove of olive trees. Their branches swayed gently in the breeze, their leaves shimmering like silver in the sunlight.

In the center of the grove stood a small stone cottage, its walls weathered by time and adorned with ivy. Juliette approached the cottage with curiosity, wondering who lived there.

To her surprise, the door swung open at her touch, revealing a cozy interior filled with sunlight and warmth. She stepped inside, her senses filled with the scent of lavender and rosemary.

Sitting by the fireplace was an old woman with kind eyes and a gentle smile. She introduced herself as Madame Lefebvre, the guardian of the olive grove.

"Welcome, Juliette," Madame Lefebvre said, her voice soft as a whisper. "I have been expecting you."

Juliette was taken aback by Madame Lefebvre's words, but she felt a sense of calm wash over her. It was as if she had known the old woman her entire life.

Madame Lefebvre invited Juliette to sit by the fire, where they shared stories and laughter over cups of fragrant tea. She told Juliette of the olive grove's long history, of the generations of farmers who had tended to its trees with love and care.

As the afternoon sun began to dip below the horizon, Madame Lefebvre took Juliette by the hand and led her outside. Together, they wandered through the olive grove, the air alive with the sound of birdsong and the rustle of leaves.

At the edge of the grove, they came upon a small clearing bathed in moonlight. Madame Lefebvre motioned for Juliette to close her eyes and listen to the whispers of the wind.

In that moment, Juliette felt a connection to the earth beneath her feet and the sky above her head. She knew that she had found a place where she belonged, surrounded by the beauty of nature and the warmth of friendship.

As they made their way back to the cottage, Juliette realized that she had discovered something precious that day – not just a hidden grove of olive trees, but a kindred spirit in Madame Lefebvre.

And as they sat together by the fire, watching the stars twinkle in the night sky, Juliette knew that she would always carry the memory of this day in her heart, like a cherished treasure hidden away in the depths of her soul.

Rayons de Soleil

Dans le sud de la France, où le soleil peignait le paysage de teintes dorées et où l'air était parfumé du doux parfum de la lavande, vivait une jeune fille nommée Camille. Elle passait ses journées à errer dans les ruelles étroites du village, son rire résonnant à travers les allées pavées.

Camille était une rêveuse, avec des yeux qui scintillaient comme la mer Méditerranée et un esprit aussi sauvage que les vents qui balayaient les collines. Elle trouvait la beauté dans les choses les plus simples - le chant d'un oiseau, le murmure de la brise, la chaleur du soleil sur sa peau.

Un matin, alors que Camille se promenait sur la place du village, elle découvrit un petit café niché à l'ombre d'un ancien olivier. Les tables étaient ornées de parasols colorés, et l'air était vibrant du bavardage des clients sirotant un espresso et grignotant des croissants.

Intriguée, Camille entra dans le café et fut accueillie par le sourire chaleureux du propriétaire, Monsieur Leclerc. Il l'accueillit à bras ouverts, comme si elle était une vieille amie revenant chez elle.

"Bonjour, mademoiselle," dit-il, sa voix aussi douce que de la soie. "Que puis-je vous servir en cette belle journée?"

Camille lui sourit en retour, son cœur battant d'excitation. "Un café au lait, s'il vous plaît," répondit-elle, prenant place à l'une des tables à l'extérieur.

Alors qu'elle sirotait son café, Camille observait le monde autour d'elle, ses sens éveillés par les sights et les sons du village. Le soleil était haut dans le ciel, projetant une lueur chaleureuse sur les toits en terre cuite et les rues pavées.

Soudain, une voix troubla sa rêverie - une voix aussi douce que le miel et aussi douce qu'une brise d'été. Camille se retourna pour voir un jeune homme debout à côté de sa table, les yeux pétillants de malice.

"Bonjour, mademoiselle," dit-il, lui lançant un sourire charmant. "Ça vous dérange si je me joins à vous ?"

Les joues de Camille rougirent alors qu'elle acquiesçait. Le jeune homme prit place en face d'elle, se présentant comme François.

Ils passèrent l'après-midi ensemble, perdus dans la conversation alors qu'ils partageaient des histoires et des rêves. Camille découvrit que François était un artiste, avec une passion pour peindre la beauté du monde qui l'entourait.

Alors que le soleil commençait à se coucher, projetant une lueur dorée sur le village, Camille réalisa qu'elle avait découvert quelque chose de précieux ce jour-là - pas seulement un café ou une rencontre fortuite, mais une âme sœur en François.

Et alors qu'ils marchaient ensemble dans les rues du village, leur rire résonnant à travers les allées pavées, Camille sut qu'elle avait trouvé son petit coin de soleil dans le sud de la France - un endroit où les rêves naissaient et où les cœurs étaient libres.

Sunshine

In the south of France, where the sun painted the landscape in hues of gold and the air was perfumed with the scent of lavender, there lived a young girl named Camille. She spent her days wandering through the narrow streets of the village, her laughter echoing through the cobblestone alleys.

Camille was a dreamer, with eyes that sparkled like the Mediterranean sea and a spirit as wild as the winds that swept across the hills. She found beauty in the simplest of things – the song of a bird, the whisper of the breeze, the warmth of the sun on her skin.

One morning, as Camille wandered through the village square, she came upon a small café nestled in the shade of an ancient olive tree. The tables were adorned with colorful umbrellas, and the air was alive with the chatter of patrons sipping espresso and nibbling on croissants.

Intrigued, Camille stepped inside the café and was greeted by the warm smile of the owner, Monsieur Leclerc. He welcomed her with open arms, as if she were an old friend returning home.

"Bonjour, mademoiselle," he said, his voice as smooth as silk. "What can I get for you on this beautiful day?"

Camille smiled back at him, her heart fluttering with excitement. "A café au lait, s'il vous plaît," she replied, taking a seat at one of the tables outside.

As she sipped her coffee, Camille watched the world go by, her senses alive with the sights and sounds of the village. The sun was high in the sky, casting a warm glow over the terracotta rooftops and cobblestone streets.

Suddenly, a voice broke through her reverie – a voice as sweet as honey and as gentle as a summer breeze. Camille turned to see a young man standing beside her table, his eyes twinkling with mischief.

"Bonjour, mademoiselle," he said, flashing her a charming smile. "Do you mind if I join you?"

Camille felt her cheeks flush with color as she nodded her assent. The young man took a seat across from her, introducing himself as François.

They spent the afternoon together, lost in conversation as they shared stories and dreams. Camille discovered that François was an artist, with a passion for painting the beauty of the world around him.

As the sun began to set, casting a golden glow over the village, Camille realized that she had found something precious that day – not just a café or a chance encounter, but a kindred spirit in François.

And as they walked together through the streets of the village, their laughter echoing through the cobblestone alleys, Camille knew that she had found her own little slice of sunshine in the south of France – a place where dreams were born and hearts were set free.

Le Secret

Dans un village endormi niché dans la campagne française, où les rues étaient bordées de bâtiments en pierre ancienne et où le parfum du pain fraîchement cuit flottait dans l'air, vivait un jeune garçon nommé Jacques. Il était connu pour sa vive curiosité et son esprit aventurier, toujours désireux d'explorer les recoins cachés du monde qui l'entourait.

Un jour, alors qu'il errait dans la forêt aux abords du village, Jacques tomba sur une grotte cachée nichée parmi les arbres. Intrigué, il repoussa les feuillages envahissants et pénétra à l'intérieur, son cœur battant d'excitation.

La grotte était sombre et humide, mais Jacques continua d'avancer, ses pas résonnant sur les parois alors qu'il s'enfonçait plus profondément dans les ténèbres. Soudain, il découvrit une chambre cachée baignée d'une lumière dorée, ses murs ornés de symboles anciens et de marques étranges.

Au centre de la chambre se dressait un piédestal, sur lequel reposait une petite boîte ornée. Jacques s'approcha de la boîte avec prudence, ses doigts tremblants lorsqu'il tendit la main pour la toucher.

Avec un sentiment d'anticipation, Jacques ouvrit la boîte et poussa un cri de stupeur en découvrant ce qu'elle contenait. C'était une carte - une carte qui semblait détenir la clé d'un grand trésor caché au cœur de la forêt.

Déterminé à découvrir le secret de la carte, Jacques se lança dans une quête pour en dévoiler les mystères. Chaque jour qui passait, il s'enfonçait plus profondément dans la forêt, suivant les indices qui lui étaient présentés avec une détermination inébranlable.

En chemin, Jacques rencontra de nombreux obstacles - des falaises traîtresses, des rivières déchaînées et des animaux féroces rôdant dans l'ombre. Mais il continua d'avancer, animé par la promesse de richesses insoupçonnées attendant d'être découvertes.

Au fur et à mesure qu'il progressait dans la forêt, Jacques commença à dévoiler les secrets de la carte un par un. Il déchiffra d'anciens énigmes, résolut des puzzles complexes et affronta des pièges cachés posés par ceux qui l'avaient précédé.

Enfin, après des jours de recherche, Jacques se retrouva devant une cascade imposante cachée au cœur de la forêt. Avec un sentiment d'anticipation, il se jeta dans les eaux glacées, son cœur battant la chamade alors qu'il suivait le chemin qui lui était tracé.

Et puis, enfin, il le trouva - le secret qui lui avait échappé depuis si longtemps. Cachée derrière la cascade se trouvait une grotte cachée, ses parois scintillant d'or et de précieuses pierres.

Les mains tremblantes, Jacques tendit la main et saisit le trésor qui se trouvait à l'intérieur - l'aboutissement de son voyage, la récompense pour sa détermination inébranlable. Et lorsqu'il émergea des profondeurs de la grotte, le cœur empli de joie et de triomphe, Jacques sut qu'il avait découvert non seulement un trésor, mais un secret qui changerait sa vie pour toujours.

The Secret

In a sleepy village nestled in the French countryside, where the streets were lined with ancient stone buildings and the scent of freshly baked bread wafted through the air, there lived a young boy named Jacques. He was known for his keen curiosity and adventurous spirit, always eager to explore the hidden corners of the world around him.

One day, while wandering through the forest on the outskirts of the village, Jacques stumbled upon a hidden cave nestled among the trees. Intrigued, he pushed aside the overgrown foliage and stepped inside, his heart pounding with excitement.

The cave was dark and damp, but Jacques pressed on, his footsteps echoing off the walls as he ventured deeper into the darkness. Suddenly, he stumbled upon a hidden chamber bathed in golden light, its walls adorned with ancient symbols and strange markings.

In the center of the chamber stood a pedestal, upon which rested a small, ornate box. Jacques approached the box with caution, his fingers trembling as he reached out to touch it.

With a sense of anticipation, Jacques opened the box and gasped at what he found inside. It was a map – a map that seemed to hold the key to a great treasure hidden deep within the heart of the forest.

Determined to uncover the secret of the map, Jacques set out on a quest to unravel its mysteries. With each passing day, he delved deeper into the forest, following the clues laid out before him with unwavering determination.

Along the way, Jacques encountered many obstacles – treacherous cliffs, raging rivers, and fierce animals prowling in the shadows. But he pressed on, driven by the promise of untold riches waiting to be discovered.

As he journeyed deeper into the forest, Jacques began to unravel the secrets of the map one by one. He deciphered ancient riddles, solved intricate puzzles, and braved hidden traps laid out by those who had come before him.

Finally, after days of searching, Jacques found himself standing before a towering waterfall hidden deep within the heart of the forest. With a sense of anticipation, he plunged into the icy waters, his heart racing as he followed the path laid out before him.

And then, at last, he found it – the secret that had eluded him for so long. Hidden behind the waterfall lay a hidden cave, its walls glittering with gold and precious jewels.

With trembling hands, Jacques reached out and grasped the treasure that lay within – the culmination of his journey, the reward for his unwavering determination. And as he emerged from the depths of the cave, his heart filled with joy and triumph, Jacques knew that he had uncovered not just a treasure, but a secret that would change his life forever.

Où est le hibou ?

Dans un village confortable niché dans la campagne française, où les maisons étaient peintes dans des couleurs pastel joyeuses et où le parfum des baguettes fraîches flottait dans l'air, vivait une jeune fille nommée Sophie. Sophie avait un talent spécial - elle pouvait parler aux animaux.

Un matin ensoleillé, alors que Sophie sautillait à travers la place du village, elle remarqua un groupe d'animaux rassemblés autour d'un arbre, chuchotant avec excitation entre eux. Curieuse, elle s'approcha d'eux, les yeux écarquillés d'émerveillement.

"Que se passe-t-il ?" demanda-t-elle, scrutant les branches de l'arbre.

"Nous cherchons notre ami, le hibou", répondit une sage vieille tortue nommée Bernard. "Il a disparu, et nous ne pouvons pas le trouver nulle part !"

Le cœur de Sophie se serra pour les animaux, et elle savait qu'elle devait les aider à retrouver leur ami. D'un signe de tête déterminé, elle s'enfonça dans la forêt, les animaux la suivant de près.

Ils cherchèrent partout, appelant le hibou et scrutant les cimes des arbres à la recherche du moindre signe de mouvement. Mais peu importe à quel point ils cherchaient, le hibou était introuvable.

Juste quand ils commençaient à perdre espoir, Sophie aperçut un éclair de plumes blanches parmi les branches d'un chêne voisin. Avec un cri de joie ravi, elle le montra aux autres, et ils se précipitèrent pour enquêter.

Et là, perché haut au-dessus d'eux, se trouvait le hibou, regardant avec des yeux grands et curieux. Sophie lui sourit, son cœur débordant de joie.

"Bonjour, M. Hibou," dit-elle, sa voix douce et douce. "Que fais-tu là-haut tout seul ?"

Le hibou hulula doucement en réponse, et Sophie aurait juré avoir vu une lueur de malice dans ses yeux. Il semblait qu'il avait joué à cache-cache avec ses amis, et il avait certainement réussi à bien se cacher !

Avec un peu de persuasion, Sophie parvint à convaincre le hibou de descendre de l'arbre et de rejoindre ses amis. Les animaux applaudirent de joie lorsqu'il descendit vers le sol, et ils se rassemblèrent autour de lui, le couvrant de câlins et de baisers.

Alors qu'ils retournaient au village, Sophie ressentit une chaleur de satisfaction dans son cœur.

Et bien qu'elle n'ait jamais tout à fait compris où le hibou avait été caché, elle savait que parfois, les meilleures aventures étaient celles qui restaient un mystère.

Where is the Owl?

In a cozy village tucked away in the French countryside, where the houses were painted in cheerful pastel colors and the scent of fresh baguettes lingered in the air, there lived a young girl named Sophie. Sophie had a special talent – she could talk to animals.

One sunny morning, as Sophie skipped through the village square, she noticed a group of animals gathered around a tree, chattering excitedly among themselves. Curious, she approached them, her eyes wide with wonder.

"What's going on?" she asked, peering up at the tree branches.

"We're looking for our friend, the owl," replied a wise old tortoise named Bernard. "He's gone missing, and we can't find him anywhere!"

Sophie's heart went out to the animals, and she knew she had to help them find their friend. With a determined nod, she set off into the forest, the animals following close behind.

They searched high and low, calling out for the owl and scanning the treetops for any sign of movement. But no matter how hard they looked, the owl was nowhere to be found.

Just when they were beginning to lose hope, Sophie spotted a flash of white feathers among the branches of a nearby oak tree. With a delighted squeal, she pointed it out to the others, and they hurried over to investigate.

Sure enough, there was the owl, perched high above them, looking down with wide, curious eyes. Sophie smiled up at him, her heart swelling with joy.

"Hello, Mr. Owl," she said, her voice soft and gentle. "What are you doing up there all alone?"

The owl hooted softly in response, and Sophie could swear she saw a twinkle of mischief in his eyes. It seemed he had been playing a game of hide-and-seek with his friends, and he had certainly succeeded in hiding well!

With a little coaxing, Sophie managed to convince the owl to come down from the tree and rejoin his friends. The animals cheered with delight as he fluttered down to the ground, and they gathered around him, showering him with hugs and kisses.

As they made their way back to the village, Sophie felt a warm glow of satisfaction in her heart.

And though she never did quite figure out where the owl had been hiding, she knew that sometimes, the best adventures were the ones that remained a mystery.

Un Sourire et une Tasse de Thé

Au cœur de Paris, où les rues étaient animées par l'agitation de la vie citadine et où l'arôme des croissants fraîchement cuits emplissait l'air, vivait une jeune femme nommée Marie. Elle avait un sourire qui pouvait illuminer les journées les plus sombres et une bonté qui ne connaissait pas de limites.

Marie travaillait dans un café pittoresque niché au coin d'une rue animée, où elle passait ses journées à servir des tasses fumantes de thé et des pâtisseries sucrées aux clients qui fréquentaient l'établissement. Elle trouvait une grande joie dans son travail, sachant qu'elle avait le pouvoir d'égayer la journée de quelqu'un avec juste un sourire et une tasse de thé chaud.

Un matin frisquet, alors que Marie se préparait pour une autre journée bien remplie au café, elle remarqua un monsieur assis seul à l'une des tables à l'extérieur. Il avait un air fatigué, ses épaules affaissées par l'épuisement.

Inquiète, Marie s'approcha du monsieur et lui offrit un sourire amical. "Bonjour, monsieur", dit-elle doucement. "Y a-t-il quelque chose que je puisse vous servir ?"

Le monsieur leva les yeux vers elle avec un regard fatigué, son expression s'adoucissant à la vue de son visage bienveillant. "Juste une tasse de thé, s'il vous plaît", répondit-il, sa voix rauque de fatigue.

Marie hocha la tête avec compréhension et revint rapidement avec une tasse fumante de thé, la plaçant devant le monsieur avec un doux sourire. "Voilà, monsieur", dit-elle doucement. "J'espère que cela vous réchauffera par cette matinée froide."

Le monsieur prit une gorgée de thé et soupira de contentement, la chaleur se diffusant dans son corps comme une étreinte réconfortante.

"Merci", dit-il avec gratitude, ses yeux pétillants de reconnaissance. "Vous ne savez pas à quel point j'avais besoin de ça."

Marie lui sourit chaleureusement, son cœur se remplissant de bonheur. Elle savait que parfois, les gestes les plus simples pouvaient faire la plus grande différence dans la journée de quelqu'un.

Alors que la matinée se transformait en après-midi, le café bourdonnait d'activité alors que les clients entraient et sortaient, leurs rires se mêlant au tintement des tasses et au bourdonnement des conversations. Mais au milieu de tout ce chaos, Marie ne pouvait pas chasser l'image du monsieur fatigué de son esprit.

Déterminée à apporter un peu plus de lumière dans sa journée, Marie décida de le surprendre avec une douceur spéciale. Elle disparut dans la cuisine et réapparut quelques minutes plus tard avec un croissant fraîchement cuit, encore chaud du four.

Avec un sourire aux lèvres, Marie s'approcha de la table du monsieur et plaça le croissant devant lui. "Cadeau de la maison", dit-elle en faisant un clin d'œil. "Considérez-le comme quelque chose pour égayer votre journée."

Les yeux du monsieur s'agrandirent de surprise lorsqu'il regarda le croissant, son cœur débordant de gratitude. "Merci", dit-il doucement, sa voix remplie d'émotion. "Vous êtes vraiment gentille, mademoiselle."

Marie lui sourit en retour, son cœur plein. En cet instant, elle savait qu'elle avait fait une différence dans la journée de quelqu'un - et c'était toute la récompense dont elle avait besoin.

Alors que le soleil commençait à se coucher sur les toits de Paris, projetant une lueur dorée sur les rues de la ville, Marie ne pouvait s'empêcher de ressentir de la gratitude pour les joies simples de la vie - un sourire, une tasse de thé et l'occasion d'égayer la journée de quelqu'un.

Et alors qu'elle fermait le café pour la soirée et rentrait chez elle, elle emportait avec elle la certitude qu'un simple geste de gentillesse pouvait rendre le monde meilleur.

A Smile and a Cup of Tea

In the heart of Paris, where the streets were alive with the hustle and bustle of city life and the aroma of freshly baked croissants filled the air, there lived a young woman named Marie. She had a smile that could light up the darkest of days and a kindness that knew no bounds.

Marie worked at a quaint café nestled on a bustling street corner, where she spent her days serving steaming cups of tea and sweet pastries to the patrons who frequented the establishment. She took great joy in her work, knowing that she had the power to brighten someone's day with just a smile and a warm cup of tea.

One chilly morning, as Marie prepared for another busy day at the café, she noticed a gentleman sitting alone at one of the tables outside. He had a weary look about him, his shoulders slumped with exhaustion.

Concerned, Marie approached the gentleman and offered him a friendly smile. "Good morning, sir," she said gently. "Is there anything I can get for you?"

The gentleman looked up at her with tired eyes, his expression softening at the sight of her kind face. "Just a cup of tea, please," he replied, his voice hoarse with fatigue.

Marie nodded understandingly and quickly returned with a steaming cup of tea, placing it in front of the gentleman with a gentle smile. "Here you go, sir," she said softly. "I hope this warms you up on this chilly morning."

The gentleman took a sip of the tea and sighed contentedly, the warmth spreading through his body like a comforting embrace. "Thank you," he said gratefully, his eyes sparkling with gratitude. "You have no idea how much I needed this."

Marie smiled warmly at him, her heart swelling with happiness. She knew that sometimes, the simplest gestures could make the biggest difference in someone's day.

As the morning turned into afternoon, the café buzzed with activity as patrons came and went, their laughter mingling with the clink of cups and the hum of conversation. But amidst the chaos, Marie couldn't shake the image of the weary gentleman from her mind.

Determined to bring a little more brightness into his day, Marie decided to surprise him with a special treat. She disappeared into the kitchen and emerged a few minutes later with a freshly baked croissant, still warm from the oven.

With a smile on her face, Marie approached the gentleman's table and placed the croissant in front of him. "On the house," she said with a wink. "Consider it a little something to brighten your day."

The gentleman's eyes widened in surprise as he looked down at the croissant, his heart overflowing with gratitude. "Thank you," he said softly, his voice filled with emotion. "You are truly kind, mademoiselle."

Marie smiled back at him, her heart full. In that moment, she knew that she had made a difference in someone's day – and that was all the reward she needed.

As the sun began to set over the rooftops of Paris, casting a golden glow over the city streets, Marie couldn't help but feel grateful for the simple joys in life – a smile, a cup of tea, and the opportunity to brighten someone's day. And as she closed up the café for the evening and made her way home, she carried with her the knowledge that even the smallest act of kindness could make the world a better place.

Le Mystère de la Baguette Disparue

Dans le charmant village de Saint-Martin, niché dans la pittoresque campagne française, vivait une jeune fille nommée Amélie. Amélie avait un œil vif pour résoudre les mystères, et elle aimait rien de plus qu'un bon casse-tête à résoudre.

Un matin ensoleillé, alors qu'Amélie se promenait à travers la place du village, elle remarqua une agitation devant la boulangerie locale. Une foule s'était rassemblée, murmurant avec anxiété en regardant à travers la vitrine de la boulangerie.

Intriguée, Amélie se fraya un chemin à travers la foule et s'approcha de la boulangerie. Elle repéra Monsieur Dupont, le boulanger, qui semblait contrarié en observant la scène.

"Que se passe-t-il, Monsieur Dupont ?" demanda Amélie, sa curiosité piquée.

Monsieur Dupont soupira, son front plissé de frustration. "C'est une catastrophe, Amélie," dit-il. "Quelqu'un a volé ma précieuse baguette - celle que je prévoyais d'entrer dans le concours annuel de pâtisserie du village !"

Amélie poussa un cri choqué. Le concours annuel de pâtisserie était une tradition chérie à Saint-Martin, et la baguette de Monsieur Dupont était toujours l'une des favorites des juges.

Déterminée à aider, Amélie passa à l'action. Elle commença à interroger les villageois, cherchant des indices qui pourraient la mener au coupable.

Sa première étape fut la place du village, où elle trouva Madame Dubois, la propriétaire de la boutique de fleurs locale, s'occupant de son jardin.

"Bonjour, Madame Dubois," salua Amélie. "Avez-vous vu quelque chose de suspect près de la boulangerie ce matin ?"

Madame Dubois secoua la tête, son visage marqué par l'inquiétude. "Je crains que non, Amélie," répondit-elle. "Mais j'ai entendu un bruit fort venant de cette direction plus tôt - comme si quelqu'un avait lâché un objet lourd."

Les yeux d'Amélie s'illuminèrent d'excitation. Était-ce un indice ? Elle remercia Madame Dubois et se dépêcha de retourner à la boulangerie pour enquêter davantage.

Alors qu'elle approchait de la boulangerie, Amélie aperçut Monsieur Leclerc, le propriétaire de la librairie locale, se tenant à l'extérieur avec une expression perplexe sur le visage.

"Bonjour, Monsieur Leclerc," dit Amélie joyeusement. "Avez-vous entendu parler de la baguette disparue de Monsieur Dupont ?"

Monsieur Leclerc hocha solennellement la tête. "Oui, c'est bien dommage," répondit-il. "Je passais juste par là quand j'ai remarqué une silhouette étrange qui se cachait dans l'ombre près de la boulangerie."

Le cœur d'Amélie battait vite d'excitation. Un autre indice ! Elle remercia Monsieur Leclerc et se précipita à l'intérieur de la boulangerie pour partager ses découvertes avec Monsieur Dupont.

Ensemble, ils rassemblèrent les indices - le bruit fort que Madame Dubois avait entendu et la silhouette étrange que Monsieur Leclerc avait vue. Il semblait qu'ils approchaient du coupable.

Soudain, les yeux d'Amélie tombèrent sur un petit morceau de papier froissé sur le sol. Elle le ramassa et l'examina de près, son cœur battant d'anticipation.

C'était une liste de courses - mais pas n'importe quelle liste de courses. Elle était écrite au dos du reçu de la boulangerie de Monsieur Dupont, et les articles listés correspondaient aux ingrédients utilisés pour faire sa précieuse baguette.

Avec un cri de réalisation, Amélie sut qu'elle avait résolu l'affaire. Elle sortit précipitamment et scruta la foule, ses yeux se posant sur un visage familier - Jacques, l'apprenti de Monsieur Dupont.

"Jacques !" s'exclama Amélie, s'avançant pour le confronter. "As-tu volé la baguette de Monsieur Dupont ?"

Jacques la regarda avec des yeux écarquillés, son visage pâle de culpabilité. "Je suis désolé, Amélie," avoua-t-il. "Je n'ai pas pu résister - je voulais impressionner les juges du concours de pâtisserie, mais je savais que je ne pouvais pas égaler l'habileté de Monsieur Dupont."

Amélie soupira, son cœur allant vers Jacques. Elle savait qu'il n'avait pas voulu faire de mal, mais voler n'était jamais la réponse.

Avec le pardon de Monsieur Dupont, Jacques promit de se racheter en travaillant encore plus dur pour apprendre l'art de la pâtisserie auprès du maître lui-même.

Alors que le soleil commençait à se coucher sur le village de Saint-Martin, Amélie ne put s'empêcher de sourire. Un autre mystère résolu, une autre crise évitée - tout en une journée de travail pour la jeune détective de Saint-Martin. Et en rentrant chez elle, elle savait que peu importe les défis à venir, elle serait toujours prête à tendre la main et à résoudre le prochain mystère qui se présenterait à elle.

The Mystery of the Missing Baguette

In the charming village of Saint-Martin, nestled in the picturesque French countryside, there lived a young girl named Amélie. Amélie had a keen eye for solving mysteries, and she loved nothing more than a good puzzle to solve.

One sunny morning, as Amélie strolled through the village square, she noticed a commotion outside the local bakery. A crowd had gathered, murmuring anxiously as they peered through the bakery window.

Intrigued, Amélie made her way through the crowd and approached the bakery. She spotted Monsieur Dupont, the baker, looking flustered as he surveyed the scene.

"What's going on, Monsieur Dupont?" Amélie asked, her curiosity piqued.

Monsieur Dupont let out a sigh, his brow furrowed in frustration. "It's a disaster, Amélie," he said. "Someone has stolen my prized baguette – the one I was planning to enter into the annual village baking competition!"

Amélie gasped in shock. The annual baking competition was a cherished tradition in Saint-Martin, and Monsieur Dupont's baguette was always a favorite among the judges.

Determined to help, Amélie sprang into action. She began questioning the villagers, searching for any clues that might lead her to the culprit.

Her first stop was the town square, where she found Madame Dubois, the owner of the local flower shop, tending to her garden.

"Bonjour, Madame Dubois," Amélie greeted her. "Did you happen to see anything suspicious near the bakery this morning?"

Madame Dubois shook her head, her face creased with concern. "I'm afraid not, Amélie," she replied. "But I did hear a loud noise coming from that direction earlier – like someone dropping a heavy object."

Amélie's eyes lit up with excitement. Could this be a clue? She thanked Madame Dubois and hurried back to the bakery to investigate further.

As she approached the bakery, Amélie spotted Monsieur Leclerc, the owner of the local bookstore, standing outside with a puzzled expression on his face.

"Bonjour, Monsieur Leclerc," Amélie said cheerfully. "Have you heard about Monsieur Dupont's missing baguette?"

Monsieur Leclerc nodded solemnly. "Yes, it's quite a shame," he replied. "I was just passing by when I noticed a strange figure lurking in the shadows near the bakery."

Amélie's heart raced with excitement. Another clue! She thanked Monsieur Leclerc and hurried inside the bakery to share her findings with Monsieur Dupont.

Together, they pieced together the clues – the loud noise Madame Dubois had heard and the strange figure Monsieur Leclerc had seen. It seemed they were closing in on the culprit.

Suddenly, Amélie's eyes fell upon a small, crumpled piece of paper lying on the floor. She picked it up and examined it closely, her heart pounding with anticipation.

It was a grocery list – but not just any grocery list. It was written on the back of Monsieur Dupont's bakery receipt, and the items listed matched the ingredients used to make his prized baguette.

With a gasp of realization, Amélie knew she had cracked the case. She rushed back outside and scanned the crowd, her eyes landing on a familiar face – Jacques, Monsieur Dupont's apprentice.

"Jacques!" Amélie exclaimed, rushing forward to confront him. "Did you steal Monsieur Dupont's baguette?"

Jacques looked up at her with wide eyes, his face pale with guilt. "I'm sorry, Amélie," he confessed. "I couldn't resist – I wanted to impress the judges at the baking competition, but I knew I couldn't match Monsieur Dupont's skill."

Amélie sighed, her heart going out to Jacques. She knew he hadn't meant any harm, but stealing was never the answer.

With Monsieur Dupont's forgiveness, Jacques promised to make amends by working even harder to learn the art of baking from the master himself.

As the sun began to set over the village of Saint-Martin, Amélie couldn't help but smile. Another mystery solved, another crisis averted – all in a day's work for the young detective of Saint-Martin. And as she walked home, she knew that no matter what challenges lay ahead, she would always be ready to lend a helping hand and solve the next mystery that came her way.

Hélène

Au cœur de la campagne française, se trouvait un petit village appelé Saint-Rémy, où la vie avançait à un rythme tranquille et où le soleil caressait les champs de blé doré. C'est là qu'habitait une jeune femme nommée Hélène, dont la présence était aussi vibrante que les champs de lavande en fleurs au printemps.

Hélène était une femme de peu de mots, ses actions parlant plus fort que n'importe quelles paroles qu'elle aurait pu prononcer. Elle avait une grâce en elle, une force tranquille qui attirait les autres vers elle comme des papillons vers une flamme.

Chaque matin, Hélène se levait avec le soleil, ses mains calleuses après des années à travailler la terre. Elle enfilait son chapeau de paille et partait travailler dans les champs, sa silhouette solitaire se découpant contre l'immensité du vert.

Mais ce n'était pas seulement la terre qu'Hélène entretenait ; elle prenait également soin de son père vieillissant, Monsieur Lefevre, qui vivait dans un petit cottage à la périphérie du village. Monsieur Lefevre était un homme fier, son esprit aussi fort que les chênes qui bordaient la place du village, mais l'âge avait commencé à l'affaiblir.

Hélène prenait soin de son père avec une tendresse qui ne connaissait pas de limites, s'occupant de ses besoins avec une dignité silencieuse. Elle cuisinait ses repas, raccommodait ses vêtements et s'asseyait près de son lit le soir, écoutant ses histoires d'autrefois.

Malgré sa nature réservée, Hélène n'était pas sans admirateurs. Parmi eux se trouvait Jean, un jeune et bel agriculteur qui travaillait les champs voisins de ceux d'Hélène. Jean avait depuis longtemps des sentiments pour Hélène, son cœur faisant un bond à chaque fois qu'il l'apercevait à travers les champs.

Un soir d'été, alors que le soleil se couchait derrière l'horizon et que le village était baigné d'une douce lumière, Jean rassembla son courage pour approcher Hélène alors qu'elle travaillait dans les champs.

"Hélène," dit-il doucement, sa voix à peine plus haute qu'un chuchotement. "J'ai quelque chose à te dire."

Hélène leva les yeux de son travail, son regard croisant celui de Jean avec surprise et curiosité.

"Je t'ai admirée de loin pendant si longtemps, Hélène," continua Jean, son cœur battant dans sa poitrine. "Ta grâce, ta force - elles m'inspirent chaque jour. Je ne peux pas imaginer ma vie sans toi à mes côtés."

Hélène écouta les paroles de Jean, son cœur palpitant d'émotion. Elle n'avait jamais imaginé entendre de tels sentiments de sa part, et pourtant elle se retrouvait incapable de nier la chaleur qui grandissait en elle.

"Jean," dit-elle doucement, sa voix à peine audible au-dessus du bruissement du vent dans les champs de blé. "Tu es gentil, et tes paroles touchent mon cœur. Mais je ne suis pas sûre de pouvoir t'offrir ce que tu cherches."

Le cœur de Jean se serra à ces paroles d'Hélène, mais il comprenait le poids de ses responsabilités et la profondeur de son amour pour son père. "Je comprends, Hélène," dit-il, sa voix empreinte de résignation. "Je serai toujours là pour toi, quoi qu'il arrive."

Le cœur lourd, Jean se tourna et s'éloigna, laissant Hélène seule dans les champs avec ses pensées. Elle le regarda partir, son cœur déchiré entre l'amour qu'elle ressentait pour son père et le désir qu'elle éprouvait pour Jean.

Alors que les jours se transformaient en semaines, Hélène se retrouvait incapable d'oublier la confession de Jean. Elle aspirait à la liberté de suivre son cœur, de poursuivre un amour de son choix, mais elle ne pouvait supporter de laisser son père seul dans ses dernières années.

Un soir, alors qu'elle était assise au chevet de son père, Monsieur Lefevre tendit la main et prit la sienne dans la sienne. Ses yeux étaient remplis d'amour et de gratitude alors qu'il parlait.

"Hélène, ma chère," dit-il doucement, sa voix tremblant d'émotion. "Tu as été mon roc, ma lumière dans les moments les plus sombres. Mais je vois le désir dans tes yeux, le désir de quelque chose de plus."

Le cœur d'Hélène fit un bond à ces paroles de son père. Elle n'avait jamais osé exprimer ses propres désirs, mais maintenant, en cet instant, elle sentait une lueur d'espoir.

"J'ai vécu une vie pleine, Hélène," continua Monsieur Lefevre, sa voix devenant faible. "Mais il est temps pour moi de lâcher prise et pour toi de vivre ta propre vie, libérée des fardeaux du passé."

Les larmes montèrent aux yeux d'Hélène alors qu'elle écoutait les paroles de son père. Elle savait qu'il disait la vérité - il était temps pour elle de tracer son propre chemin, de suivre son cœur où qu'il la mène.

Le cœur lourd, Hélène fit ses adieux à son père, sachant qu'il serait toujours avec elle en esprit. Et alors qu'elle s'aventurait dans le monde au-delà des champs de Saint-Rémy, elle emportait avec elle le souvenir de son amour et la force de poursuivre son propre bonheur, où qu'il puisse se trouver.

Hélène

In the heart of the French countryside, there was a small village called Saint-Rémy, where life moved at a leisurely pace, and the sun kissed the fields of golden wheat. It was here that a young woman named Hélène lived, her presence as vibrant as the blossoming lavender fields in spring.

Hélène was a woman of few words, her actions speaking louder than any words she could utter. She had a grace about her, a quiet strength that drew others to her like moths to a flame.

Each morning, Hélène would rise with the sun, her hands calloused from years of tending to the land. She would don her straw hat and set out to work in the fields, her silhouette a solitary figure against the vast expanse of green.

But it was not just the land that Hélène tended to; she also cared for her aging father, Monsieur Lefevre, who lived in a small cottage on the outskirts of the village. Monsieur Lefevre was a proud man, his spirit as strong as the oak trees that lined the village square, but age had begun to wear him down.

Hélène cared for her father with a tenderness that knew no bounds, tending to his needs with a quiet dignity. She would cook his meals, mend his clothes, and sit by his bedside in the evenings, listening to his stories of days gone by.

Despite her quiet nature, Hélène was not without admirers. Among them was Jean, a handsome young farmer who worked the fields neighboring Hélène's own. Jean had long harbored feelings for Hélène, his heart skipping a beat each time he caught sight of her across the fields. One summer evening, as the sun dipped below the horizon and cast a warm glow over the village, Jean mustered the courage to approach Hélène as she worked in the fields.

"Hélène," he said softly, his voice barely above a whisper. "I have something I must tell you."

Hélène looked up from her work, her eyes meeting Jean's with a mixture of surprise and curiosity.

"I have admired you from afar for so long, Hélène," Jean continued, his heart pounding in his chest. "Your grace, your strength – they inspire me every day. I cannot imagine my life without you by my side."

Hélène listened to Jean's words, her heart fluttering with emotion. She had never expected to hear such sentiments from him, and yet she found herself unable to deny the warmth that blossomed within her.

"Jean," she said softly, her voice barely audible above the rustle of the wind through the wheat fields. "You are kind, and your words touch my heart. But I am not sure if I can offer you what you seek."

Jean's heart sank at Hélène's words, but he understood the weight of her responsibilities and the depth of her love for her father.

"I understand, Hélène," he said, his voice filled with resignation. "I will always be here for you, no matter what."

With a heavy heart, Jean turned and walked away, leaving Hélène alone in the fields with her thoughts. She watched him go, her heart torn between the love she felt for her father and the longing she felt for Jean.

As the days turned into weeks, Hélène found herself unable to shake the memory of Jean's confession. She longed for the freedom to follow her heart, to pursue a love of her own choosing, but she could not bear to leave her father alone in his twilight years.

One evening, as she sat by her father's bedside, Monsieur Lefevre reached out and took her hand in his own. His eyes were filled with love and gratitude as he spoke.

"Hélène, my dear," he said softly, his voice trembling with emotion. "You have been my rock, my guiding light through the darkest of times. But I see the longing in your eyes, the desire for something more."

Hélène's heart skipped a beat at her father's words. She had never dared to voice her own desires, but now, in this moment, she felt a glimmer of hope.

"I have lived a full life, Hélène," Monsieur Lefevre continued, his voice growing faint. "But it is time for me to let go and for you to live your own life, free from the burdens of the past."

Tears welled in Hélène's eyes as she listened to her father's words. She knew that he spoke the truth – it was time for her to forge her own path, to follow her heart wherever it may lead.

With a heavy heart, Hélène bid her father farewell, knowing that he would always be with her in spirit. And as she stepped out into the world beyond the fields of Saint-Rémy, she carried with her the memory of his love and the strength to pursue her own happiness, wherever it may lie.

Déjeuner

Dans un village pittoresque de Provence, où le soleil caressait les collines verdoyantes et où le parfum de la lavande flottait dans l'air, vivait une famille nommée les Martel. Leur ferme, nichée au milieu des vignobles et des oliveraies, était un lieu de chaleur et d'hospitalité, où le parfum des repas cuisinés maison emplissait chaque recoin.

Un brillant matin d'été, lorsque l'horloge sonna midi, Madame Martel s'activait dans la cuisine, préparant le déjeuner pour sa famille. L'odeur du poulet rôti et des herbes fraîches flottait dans l'air, se mêlant aux rires de ses enfants qui jouaient dehors.

"Marcel, rentre et lave-toi les mains pour le déjeuner !" appela Madame Martel à son plus jeune fils, qui était occupé à chasser les papillons dans le jardin.

Marcel, un garçon espiègle avec une lueur dans les yeux, abandonna à contrecœur sa poursuite et se précipita à l'intérieur, son estomac grognant en anticipation du repas à venir.

Alors que la famille se rassemblait autour de la table, leurs visages s'illuminèrent d'excitation à la vue du festin étalé devant eux. Il y avait du poulet rôti avec une peau croustillante, une ratatouille parfumée faite avec des légumes du jardin, et du pain croustillant frais sorti du four.

"Bon appétit !" s'exclama Monsieur Martel, levant son verre en toast à sa famille.

Les Martel se précipitèrent sur leur repas avec enthousiasme, se passant les assiettes et partageant des histoires de leur journée. Marcel les régala de récits de ses aventures dans le jardin, tandis que sa sœur aînée, Marie, partageait des nouvelles de son prochain mariage.

Pendant qu'ils mangeaient, le soleil filtrait à travers la fenêtre, projetant des ombres mouchetées sur la table. L'air était rempli du bruit des couverts qui s'entrechoquaient et des soupirs de contentement, une symphonie de joie et de gratitude pour les simples plaisirs de la famille et de la nourriture.

Dehors, les cigales chantaient leur chanson estivale, leur chant rythmique se mêlant harmonieusement aux rires et aux discussions qui émanaient de la ferme. En cet instant, entourés de leurs proches et de la richesse de la terre, les Martel ressentaient un profond sentiment de paix et d'appartenance.

Alors que le repas touchait à sa fin, Madame Martel débarrassa la table, son cœur rempli d'amour pour sa famille. Elle savait que peu importe les épreuves que la vie pourrait leur réserver, ils auraient toujours les uns les autres et les précieux souvenirs de moments comme celui-ci.

Et ainsi, au cœur de la Provence, où le soleil caressait les collines verdoyantes et où le parfum de la lavande flottait dans l'air, les Martel partagèrent un repas qui n'était pas seulement de la nourriture - c'était une célébration de l'amour, du rire et du lien intemporel de la famille.

Lunch

In a quaint village in Provence, where the sun kissed the rolling hills and the scent of lavender hung in the air, there lived a family named the Martels. Their farmhouse, nestled amidst vineyards and olive groves, was a place of warmth and hospitality, where the aroma of home-cooked meals filled every corner.

One bright summer morning, as the clock struck twelve, Madame Martel bustled about the kitchen, preparing lunch for her family. The smell of roasting chicken and fresh herbs wafted through the air, mingling with the laughter of her children playing outside.

"Marcel, come inside and wash your hands for lunch!" Madame Martel called out to her youngest son, who was busy chasing butterflies in the garden.

Marcel, a mischievous boy with a twinkle in his eye, reluctantly abandoned his pursuit and scampered inside, his stomach growling in anticipation of the meal to come.

As the family gathered around the table, their faces lit up with excitement at the sight of the feast spread before them. There was roast chicken with crispy skin, fragrant ratatouille made with vegetables from the garden, and crusty bread fresh from the oven.

"Bon appétit!" exclaimed Monsieur Martel, raising his glass in a toast to his family.

The Martels dug into their meal with gusto, passing plates and sharing stories of their day. Marcel regaled them with tales of his adventures in the garden, while his older sister, Marie, shared news of her upcoming wedding.

As they ate, the sun streamed through the window, casting dappled shadows across the table. The air was filled with the sound of clinking cutlery and contented sighs, a symphony of joy and gratitude for the simple pleasures of family and food.

Outside, the cicadas sang their summer song, their rhythmic chirping blending seamlessly with the laughter and chatter emanating from the farmhouse. In that moment, surrounded by loved ones and the bounty of the earth, the Martels felt a profound sense of peace and belonging.

As the meal drew to a close, Madame Martel cleared away the dishes, her heart full of love for her family. She knew that no matter what trials life may bring, they would always have each other and the cherished memories of moments like these.

And so, in the heart of Provence, where the sun kissed the rolling hills and the scent of lavender hung in the air, the Martels shared a meal that was more than just food – it was a celebration of love, laughter, and the timeless bond of family.

Treize Chats

Dans un village pittoresque niché dans la campagne française, où les rues pavées serpentent devant des cottages pittoresques ornés de jardinières colorées, vivait une vieille femme particulière nommée Madame Dupont. Madame Dupont était connue de tous pour son amour des chats - en fait, elle en avait treize!

Chaque matin, lorsque le soleil se levait sur les toits et que le village reprenait vie, on pouvait voir Madame Dupont se faufiler dans les rues avec son armée de compagnons poilus qui la suivaient. Il y avait Félix, le chat noir aux yeux verts perçants; Daisy, la calico qui aimait se blottir sur les genoux de Madame Dupont; et Pierre, le tabby espiègle qui se retrouvait toujours dans des ennuis.

Mais de tous les chats de Madame Dupont, il y en avait un qui était son préféré - un siamois majestueux nommé Coco. Coco était le compagnon constant de Madame Dupont, son ombre loyale où qu'elle aille.

Un jour, alors que Madame Dupont faisait le tour du village, elle remarqua quelque chose d'étrange - Coco était introuvable! La panique s'empara de son cœur alors qu'elle appelait son cher chat, sa voix tremblant d'inquiétude.

"Coco! Où es-tu, mon cher?" s'écria Madame Dupont, ses yeux scrutant les rues à la recherche de son ami à fourrure.

Mais Coco était introuvable. Le cœur lourd, Madame Dupont réalisa que son chat bien-aimé avait disparu.

Déterminée à retrouver Coco, Madame Dupont sollicita l'aide des villageois, faisant passer le mot partout. Ils cherchèrent partout, appelant le nom de Coco et fouillant chaque coin du village, mais il n'y avait toujours aucun signe du siamois insaisissable.

Alors que la nuit tombait et que les étoiles scintillaient au-dessus, Madame Dupont refusa de perdre espoir. Elle erra seule dans les rues, le cœur lourd d'inquiétude, jusqu'à ce qu'elle entende un faible miaulement venant d'une ruelle voisine.

Avec un regain d'énergie, Madame Dupont se précipita pour enquêter, son cœur battant dans sa poitrine. Et là, blotti dans l'ombre, elle trouva Coco - sale, affamé et tremblant de peur.

"Oh, Coco, mon cher Coco," s'exclama Madame Dupont, les larmes de joie coulant sur ses joues. "Tu es en sécurité!"

Avec des mains douces, Madame Dupont prit Coco dans ses bras et le serra contre son cœur, ressentant un flot de soulagement l'envahir. Elle savait que peu importe les épreuves qu'ils affrontaient, tant qu'ils étaient ensemble, tout irait bien.

Et ainsi, alors que la lune projetait sa lueur argentée sur le village endormi et que les oiseaux de nuit chantaient leurs berceuses, Madame Dupont et ses treize chats rentrèrent chez eux, le cœur rempli d'amour et de gratitude pour le lien qui les unissait.

Car au fond, ils savaient que peu importe où la vie les conduirait, ils auraient toujours les uns les autres - treize chats et une vieille femme extraordinaire, unis par l'amour et la magie de l'amitié.

Thirteen Cats

In a picturesque village tucked away in the French countryside, where the cobblestone streets wound their way past quaint cottages adorned with colorful flower boxes, there lived a peculiar old woman named Madame Dupont. Madame Dupont was known far and wide for her love of cats – in fact, she had thirteen of them!

Each morning, as the sun rose over the rooftops and the village came to life, Madame Dupont could be seen shuffling through the streets with her army of furry companions trailing behind her. There was Felix, the black cat with piercing green eyes; Daisy, the calico who loved to curl up in Madame Dupont's lap; and Pierre, the mischievous tabby who was always getting into trouble.

But of all Madame Dupont's cats, there was one who was her favorite – a regal Siamese named Coco. Coco was Madame Dupont's constant companion, her loyal shadow wherever she went.

One day, as Madame Dupont was making her rounds through the village, she noticed something peculiar – Coco was nowhere to be found! Panic gripped her heart as she called out for her beloved cat, her voice trembling with worry.

"Coco! Where are you, my dear?" Madame Dupont cried, her eyes scanning the streets for any sign of her furry friend.

But there was no sign of Coco anywhere. Madame Dupont's heart sank as she realized that her beloved cat was missing.

Determined to find Coco, Madame Dupont enlisted the help of the villagers, spreading the word far and wide. They searched high and low, calling out Coco's name and scouring every corner of the village, but there was still no sign of the elusive Siamese.

As night fell and the stars twinkled overhead, Madame Dupont refused to give up hope. She wandered the streets alone, her heart heavy with worry, until at last, she heard a faint meowing coming from a nearby alley.

With a burst of energy, Madame Dupont rushed to investigate, her heart pounding in her chest. And there, huddled in the shadows, she found Coco – dirty, hungry, and trembling with fear.

"Oh, Coco, my dear sweet Coco," Madame Dupont exclaimed, tears of joy streaming down her cheeks. "You're safe!"

With gentle hands, Madame Dupont scooped up Coco and cradled him close to her heart, feeling a flood of relief wash over her. She knew that no matter what trials they faced, as long as they had each other, everything would be alright.

And so, as the moon cast its silver glow over the sleeping village and the night birds sang their lullabies, Madame Dupont and her thirteen cats made their way back home, their hearts full of love and gratitude for the bond that held them together.

For in the end, they knew that no matter where life took them, they would always have each other – thirteen cats and one extraordinary old woman, united by love and the magic of friendship.